Principales Criptomonedas Que Debes Conocer

Un Análisis Profundo de Bitcoin, Ethereum, Solana, Chainlink y Otros Poderosos Activos Digitales

Por Joe Correa

Publicado por Live Stronger Faster

Este libro es solo para fines educativos e informativos. El autor y el editor no están brindando asesoramiento legal, financiero ni de otro tipo profesional. Los lectores deben consultar con un profesional calificado antes de tomar cualquier decisión financiera.

Primera Edición

Tabla de Contenido

Introducción

Las criptomonedas ya no son una tecnología marginal entendida solo por un pequeño grupo de entusiastas de la tecnología. Están dando forma al futuro de las finanzas, las cadenas de suministro, los videojuegos, las aplicaciones descentralizadas e incluso el arte. Aunque existen más de 20,000 criptomonedas, solo unas pocas son verdaderamente revolucionarias—ofrecen utilidad en el mundo real, permanencia a largo plazo y un serio potencial de inversión.

En este libro, nos enfocamos en las principales criptomonedas que debes comprender, ya sea que estés comenzando o ya estés construyendo un portafolio cripto diversificado. Esto no se trata simplemente de comprar la moneda más popular del mes. Se trata de entender por qué ciertas criptomonedas son importantes—qué problemas resuelven, qué las hace únicas y cómo es probable que se desempeñen a largo plazo.

Comenzaremos con Bitcoin, el primer y más dominante activo digital, al que muchos llaman “oro digital”. Aprenderás cómo su oferta limitada, su naturaleza descentralizada y su adopción institucional lo han convertido en el núcleo de la inversión en criptomonedas. Luego profundizaremos en Ethereum, la plataforma de contratos inteligentes más grande del mundo, que impulsa miles de aplicaciones descentralizadas (dApps), protocolos DeFi y NFTs.

También exploraremos potencias emergentes como Solana, conocida por sus transacciones ultrarrápidas y de bajo costo, y Cardano, que enfatiza la investigación académica y la escalabilidad. Luego analizaremos Chainlink, el oráculo que lleva datos del mundo real a las blockchains, permitiendo desde precios en DeFi hasta mercados de predicción basados en deportes.

Pero no nos detendremos ahí. Este libro también te guiará a través de otros proyectos impactantes como Polkadot (para la interoperabilidad entre blockchains), Avalanche (para DeFi escalable) y Polygon (para la escalabilidad de Ethereum). Cubriremos ejemplos del mundo real, casos de uso, ventajas y desventajas, y la visión a largo plazo detrás de cada uno.

Ya sea que estés creando tu primera billetera de criptomonedas o buscando reequilibrar tu portafolio con opciones más sólidas a largo plazo, esta guía te brinda los conocimientos esenciales para tomar decisiones informadas. Estas no son monedas meme ni tokens basados en la moda. Son monedas de infraestructura y plataformas con propósito que están dando forma al próximo internet.

Al finalizar este libro, tendrás una comprensión clara de qué hace cada una de estas principales criptomonedas, por qué son importantes y cómo evaluar su lugar dentro de tu estrategia personal de inversión. Este es tu análisis profundo de los activos digitales que están construyendo la economía del mañana.

Comencemos con la que lo inició todo—Bitcoin.

Capítulo 1: Bitcoin — Oro Digital y el Futuro del Almacenamiento de Valor

Bitcoin, la primera y más reconocida criptomoneda, revolucionó el concepto del dinero. Introducida en 2009 por una figura anónima conocida como Satoshi Nakamoto, Bitcoin fue diseñada para ofrecer un sistema de efectivo digital descentralizado de persona a persona, libre del control gubernamental y de la banca centralizada. Lo que distingue a Bitcoin es su suministro fijo, su descentralización y su sólida seguridad, todo construido sobre una blockchain que nunca ha sido hackeada.

En esencia, Bitcoin es un almacén digital de valor. Así como el oro ha sido históricamente utilizado como cobertura contra la inflación y la incertidumbre económica, Bitcoin ha ganado el título de "oro digital" debido a su escasez (limitado a 21 millones de monedas), divisibilidad y portabilidad. A diferencia de las monedas fiduciarias, que pueden imprimirse indefinidamente, la emisión de Bitcoin está controlada algorítmicamente y disminuye con el tiempo mediante eventos de halving cada cuatro años. Estos eventos reducen la cantidad de nuevos BTC que entran en circulación, aumentando la escasez y, típicamente, impulsando mercados alcistas.

Bitcoin opera bajo un mecanismo de consenso de Prueba de Trabajo (Proof-of-Work o PoW), donde los mineros resuelven complejos problemas matemáticos para validar transacciones y asegurar la red. Este proceso garantiza que las transacciones sean inmutables e irreversibles. Aunque los críticos argumentan que PoW consume demasiada energía, sus defensores lo consideran una característica que fortalece la integridad de Bitcoin al hacer que los ataques sean extremadamente costosos.

La adopción ha crecido de forma exponencial en los últimos años. Grandes inversores institucionales, empresas públicas como Tesla y MicroStrategy, e incluso países como El Salvador han incorporado Bitcoin en sus balances o marcos legales. Este cambio de activo especulativo a reserva estratégica ha legitimado a Bitcoin ante la élite financiera. Además, Bitcoin ahora está disponible a través de ETFs, plataformas de trading y cuentas de retiro, haciéndolo cada vez más accesible para inversionistas tradicionales.

Bitcoin también actúa como un salvavidas en países económicamente inestables. En lugares con hiperinflación, cuentas bancarias congeladas o controles de capital, los ciudadanos recurren a Bitcoin como una forma segura y resistente a la censura para almacenar y transferir valor. Las remesas internacionales mediante Bitcoin pueden evitar las altas comisiones y retrasos de los sistemas bancarios tradicionales.

A pesar de sus fortalezas, Bitcoin no está exento de limitaciones. Es relativamente lento, con aproximadamente siete transacciones por segundo, y su lenguaje de programación es limitado en comparación con plataformas como Ethereum. Sin embargo, soluciones de segunda capa como Lightning Network han surgido para resolver problemas de escalabilidad, permitiendo pagos instantáneos y de bajo costo sin sacrificar la descentralización.

A medida que Bitcoin evoluciona, se convierte en algo más que una moneda: se transforma en un sistema operativo financiero. Los desarrolladores están construyendo aplicaciones directamente sobre su blockchain o integrándolo en plataformas financieras. La simplicidad de Bitcoin es su fortaleza. Hace una cosa—almacenar y transferir valor—con una fiabilidad y descentralización inigualables.

Para los inversionistas a largo plazo, Bitcoin es considerado una posición central en cualquier portafolio cripto. Tiene el historial más largo, la mayor seguridad, el efecto de red más fuerte y la propuesta de valor más clara. Aunque su precio puede fluctuar significativamente, sus fundamentos permanecen intactos. Bitcoin no es solo una tendencia; es la base de la revolución de las criptomonedas.

Bitcoin vs Oro

Raj acababa de regresar a casa después de otro día agotador trabajando en finanzas. A pesar del elegante edificio de oficinas y el traje a medida, algo nunca le terminaba de convencer. Cada día veía cómo los bancos centrales inundaban los mercados con más dinero impreso, diluyendo el valor de los ahorros de las personas. Como analista, entendía la inflación, pero aun así le frustraba. El fondo de retiro de sus padres perdía poder adquisitivo, y el dinero que ganaba hoy valía menos mañana.

Una noche, se encontró con un episodio de podcast titulado "¿Qué es Bitcoin?". Lo reprodujo por curiosidad, y esa decisión lo cambió todo. El presentador comparaba Bitcoin con el oro, pero mejor. No solo era escaso, era matemáticamente finito. Solo existirían 21 millones. A diferencia de los gobiernos, nadie podía simplemente "imprimir" más. Era la primera vez que Raj escuchaba el término "oro digital".

Ese fin de semana, Raj se sumergió por completo en el mundo de Bitcoin. Leyó el whitepaper original de Satoshi Nakamoto. Aprendió cómo los mineros validaban transacciones, cómo cada bloque se registraba de forma inmutable en la blockchain y cómo el código era de código abierto. Estaba fascinado. No se trataba solo de ganancias, sino de libertad: sin intermediarios, sin permisos, sin control centralizado.

Raj compró sus primeros 100 dólares en Bitcoin cuando el precio era de 6,000. No era mucho, pero era simbólico. En los meses siguientes, lo vio subir a 10,000, luego a 20,000. Sentía que formaba parte de una revolución. Pero con las subidas vinieron las caídas. El mercado se corrigió. Bitcoin bajó. Sus amigos se burlaban, sus padres le advertían que era una burbuja. Pero Raj no dudó.

Comenzó a asistir a reuniones locales de Bitcoin, donde conoció desarrolladores, emprendedores y hasta jubilados, todos unidos por la misma idea: que el dinero podía volver a ser soberano. Uno de los asistentes, un economista austríaco llamado Henry, le dijo: "Veo en Bitcoin las mismas propiedades de almacenamiento de valor que tenía el oro, pero ahora es portátil, divisible y programable."

El punto de inflexión llegó cuando Raj viajó a Venezuela para ayudar a una organización sin fines de lucro. La moneda local prácticamente no valía nada. Pero vio algo increíble: personas usando Bitcoin en sus teléfonos para comprar alimentos y medicinas. Incluso en condiciones económicas extremas, Bitcoin funcionaba.

Se dio cuenta de que Bitcoin no era solo una inversión. Era esperanza. Una herramienta para quienes estaban atrapados por la inflación y la corrupción. Era la primera vez que veía el concepto de "bancarizar a los no bancarizados" en acción.

Raj se comprometió por completo. Creó un blog, escribió guías para principiantes y comenzó a asesorar a empresas que aceptaban pagos en Bitcoin. Su audiencia creció. Fue invitado a conferencias y se convirtió en educador de Bitcoin. Diversificó sus inversiones, pero Bitcoin siempre fue su mayor posición.

Años después, cuando Bitcoin superó los 100,000, Raj no vendió. Para él, Bitcoin no era solo riqueza, sino valores. Era la construcción de un sistema financiero paralelo que no podía ser manipulado por la política o los privilegios.

Miró su billetera digital, viendo esos primeros satoshis de años atrás, aún intactos pero transformadores. Bitcoin se había convertido en algo más que código. Se había convertido en una filosofía. Una revolución. Y para Raj, todo comenzó con un simple podcast y la decisión de cuestionar el sistema.

Capítulo 2: Ethereum — La Computadora Mundial y el Pionero de los Contratos Inteligentes

Ethereum es mucho más que otra criptomoneda. Mientras Bitcoin revolucionó la idea del dinero descentralizado, Ethereum introdujo algo mucho más poderoso: aplicaciones programables en blockchain. A menudo denominado la "computadora mundial", Ethereum permite a los desarrolladores construir aplicaciones descentralizadas (dApps), contratos inteligentes y economías digitales completas directamente sobre su blockchain.

Lanzado en 2015 por Vitalik Buterin y un grupo de desarrolladores visionarios, Ethereum surgió como una plataforma que resolvió la limitación más importante de Bitcoin: la falta de programabilidad. Mientras Bitcoin fue diseñado como un sistema seguro y simple para almacenar valor, Ethereum fue creado como un ecosistema de código abierto donde el software puede ejecutarse automáticamente sin intervención humana. Esto dio origen a los contratos inteligentes, que son programas autoejecutables que funcionan cuando se cumplen ciertas condiciones. Son como acuerdos legales, pero codificados, transparentes e inmutables una vez desplegados.

Los contratos inteligentes impulsan todo en Ethereum: desde protocolos de finanzas descentralizadas (DeFi) y NFTs hasta videojuegos, sistemas de identidad y DAOs (Organizaciones Autónomas Descentralizadas). Ethereum actúa como la base de Web3, un internet descentralizado donde la propiedad y el valor están integrados directamente en el código. Por ejemplo, en lugar de confiar en un banco, un contrato inteligente puede prestarte fondos, mantener garantías y ejecutar pagos automáticamente, todo sin intermediarios.

Uno de los aspectos más importantes de Ethereum es su enorme comunidad de desarrolladores, la más grande en el ecosistema cripto. Este grupo impulsa constantemente la innovación, creando nuevos casos de uso y mejorando el protocolo. Ethereum también ha sido la base para proyectos influyentes como Uniswap, Aave, Compound y OpenSea, lo que lo convierte en el centro de una economía digital de billones de dólares.

Originalmente basado en Prueba de Trabajo (Proof-of-Work), Ethereum realizó una transición histórica a Prueba de Participación (Proof-of-Stake) en 2022 mediante una actualización llamada The Merge. Este cambio redujo el consumo energético en más del 99% y abrió el camino para mejoras de escalabilidad como el sharding. Su hoja de ruta se enfoca en aumentar la velocidad de las transacciones, reducir costos y permitir la adopción masiva sin comprometer la seguridad ni la descentralización.

Las tarifas de gas, que son los costos por transacción, han sido uno de los principales desafíos de Ethereum. Durante períodos de alta demanda, estas tarifas pueden ser muy elevadas. Sin embargo, han surgido soluciones de segunda capa como Arbitrum, Optimism y zkSync, que permiten realizar transacciones más rápidas y económicas sin perder la seguridad de la red principal.

ETH, el token nativo de Ethereum, cumple múltiples funciones. Se utiliza para pagar tarifas de gas, asegurar la red mediante staking y servir como colateral en aplicaciones DeFi. A diferencia de Bitcoin, que se enfoca principalmente en almacenar valor, ETH es un token de utilidad que impulsa todo el ecosistema. Además, con la actualización EIP-1559, una parte de cada tarifa se quema, lo que hace que ETH sea potencialmente deflacionario con el tiempo.

Ethereum no es solo un activo especulativo; es una plataforma de innovación. Es el lugar donde nacen nuevas economías, donde los artistas pueden tokenizar su trabajo, donde los bancos están siendo reemplazados por código y donde la identidad, la privacidad y la propiedad están siendo redefinidas en la era digital.

Ya seas desarrollador, inversionista o simplemente curioso, entender Ethereum es esencial. Es la base de gran parte del ecosistema cripto más allá de Bitcoin, y su potencial de crecimiento es enorme. A medida que evolucionan las regulaciones y las industrias tradicionales adoptan la tokenización, Ethereum está posicionado para estar en el centro de todo.

Amara, la artista digital

Amara era una artista digital en Lagos, Nigeria. Durante años luchó por monetizar su trabajo. Las galerías en línea cobraban comisiones altas, los compradores locales eran escasos y su arte era plagiado con frecuencia. Un día, navegando en Reddit, descubrió algo llamado NFT (token no fungible), construido sobre la blockchain de Ethereum. Al principio dudó, pero su curiosidad la llevó a investigar más.

Aprendió que Ethereum no era solo una moneda, sino una plataforma abierta para construir aplicaciones descentralizadas. La idea de un internet sin intermediarios la fascinó. Descargó una billetera digital y creó su primer NFT. En menos de una semana, lo vendió a un comprador en Alemania por 0.2 ETH, más de lo que había ganado en exposiciones completas.

Luego se unió a una DAO de artistas, donde los proyectos se financiaban colectivamente mediante contratos inteligentes. También descubrió DeFi: intercambió ETH por stablecoins, los prestó y comenzó a generar ingresos pasivos sin usar un banco.

Las tarifas de gas eran un reto, pero aprendió a usar soluciones como Arbitrum y Polygon para reducir costos. A medida que Ethereum migró a Proof-of-Stake, también vio cómo disminuía el impacto ambiental, lo que fortaleció su confianza en el ecosistema.

Con el tiempo, Amara dejó de ser solo artista y se convirtió en creadora tecnológica. Aprendió Solidity, desarrolló su propia aplicación descentralizada y ayudó a otros artistas a lanzar NFTs sin costo. Ganó un hackathon global y construyó su independencia financiera sin necesidad de intermediarios.

Una noche, mirando la ciudad desde su balcón, abrió su billetera digital. Tenía ETH, NFTs, tokens de gobernanza y activos generando rendimiento. Sonrió. Ethereum no solo cambió sus finanzas; cambió su identidad. De artista con dificultades a pionera tecnológica.

Y todo comenzó con una simple pregunta: ¿Qué es Ethereum?

[illegible]

Este nivel de rendimiento [illegible] atractivo para aplicaciones que requieren respuesta en tiempo

Capítulo 3: Solana — Blockchain de Alta Velocidad para la Próxima Generación de Aplicaciones

Solana es una de las blockchains más rápidas y escalables del mundo, ganándose la reputación de ser la plataforma ideal para aplicaciones descentralizadas (dApps) de alto rendimiento, especialmente en videojuegos, NFTs y finanzas descentralizadas (DeFi). Mientras Bitcoin y Ethereum sentaron las bases de la descentralización, Solana reinventó la arquitectura blockchain con un objetivo claro: velocidad sin sacrificar costos bajos.

Lanzada en 2020 por Anatoly Yakovenko, Solana introdujo un mecanismo de consenso híbrido que combina Prueba de Historia (Proof of History, PoH) y Prueba de Participación (Proof of Stake, PoS). Proof of History actúa como un reloj criptográfico que marca el tiempo de las transacciones antes de que se registren en el libro mayor, lo que reduce significativamente el tiempo de confirmación y permite que la red procese más de 65,000 transacciones por segundo, con tarifas que suelen ser fracciones de centavo.

Este nivel de rendimiento hace que Solana sea especialmente atractiva para aplicaciones que requieren respuesta en tiempo real, como exchanges descentralizados, videojuegos en blockchain, mercados de NFTs y micropagos. También permite a los desarrolladores crear aplicaciones que simplemente no serían viables en redes más lentas o costosas sin soluciones de escalado.

El ecosistema de Solana creció rápidamente gracias a esta ventaja de escalabilidad. Proyectos como Magic Eden, Stepn y Serum han contribuido a su popularidad, mientras que su integración con Metaplex la convirtió en una de las plataformas más activas para NFTs durante el auge del mercado.

A pesar de sus fortalezas, Solana ha enfrentado desafíos. La red ha experimentado interrupciones debido a picos de actividad que sobrecargaron el sistema, generando críticas sobre su descentralización y resiliencia. Sin embargo, el equipo de desarrollo continúa trabajando en mejoras, ampliando la red de validadores y lanzando actualizaciones para fortalecer la estabilidad.

Solana también destaca por su accesibilidad para desarrolladores. A diferencia de Ethereum, que requiere aprender Solidity, Solana permite programar en lenguajes como Rust, C y C++, lo que abre la puerta a una comunidad más amplia de programadores. Su documentación, programas de incentivos y hackathons han atraído a miles de desarrolladores al ecosistema.

El token nativo SOL cumple un papel fundamental. Se utiliza para pagar transacciones, participar en gobernanza y hacer staking para asegurar la red. También se usa como colateral en protocolos DeFi, permitiendo generar ingresos pasivos. A medida que crece el uso de la red, también aumenta la demanda de SOL, creando un ciclo positivo para su valor.

Solana también está a la vanguardia en la integración móvil de Web3. Con el lanzamiento de Solana Mobile y el teléfono Saga, la plataforma busca facilitar el acceso a aplicaciones cripto directamente desde smartphones, anticipando que la próxima ola de usuarios interactuará principalmente desde dispositivos móviles.

La visión a largo plazo de Solana está enfocada en la adopción masiva. Con velocidades extremadamente rápidas, costos casi nulos y un desarrollo activo, tiene el potencial de incorporar a millones de nuevos usuarios al ecosistema blockchain. Sin embargo, deberá seguir mejorando su fiabilidad y descentralización para mantener la confianza del mercado.

En un mundo impulsado por datos en tiempo real, redes sociales, videojuegos y propiedad digital, Solana ofrece una infraestructura poderosa lista para satisfacer estas demandas hoy, no en el futuro. Para inversionistas y desarrolladores, comprender su arquitectura y evolución es clave para identificar oportunidades en la próxima generación de blockchain.

La historia de Miguel y Solana

Miguel era un desarrollador de videojuegos en São Paulo, obsesionado con crear mundos digitales inmersivos y eliminar las fricciones entre jugadores y recompensas. Había desarrollado juegos durante años, pero siempre enfrentaba los mismos problemas: latencia, barreras de pago y comisiones elevadas. Cuando descubrió el gaming en blockchain, vio una oportunidad... pero fue con Solana cuando todo cambió.

Su primer intento en Ethereum fue frustrante. Los jugadores se quejaban de tarifas altas. "¿Por qué tengo que pagar $70 por crear un objeto?", decían. Fue entonces cuando probó Solana. La diferencia fue inmediata: transacciones rápidas y costos mínimos.

Miguel desarrolló un juego RPG completo donde los jugadores podían subir de nivel, comprar objetos y comerciar activos en tiempo real. El juego creció rápidamente, atrayendo miles de usuarios. Incluso algunos jugadores lograban ingresos reales, cambiando sus vidas.

Utilizando herramientas como Metaplex y plataformas como Magic Eden, lanzó NFTs dentro del juego que se vendieron rápidamente. La comunidad creció, surgieron gremios y su proyecto se convirtió en un ecosistema activo.

Sin embargo, enfrentó dificultades cuando la red de Solana sufrió interrupciones. Los usuarios dudaron, pero el equipo de desarrollo respondió con mejoras. Miguel entendió que estaba en una tecnología emergente: imperfecta, pero llena de potencial.

Inspirado por la estrategia móvil de Solana, lanzó una app que permitía a los jugadores interactuar desde cualquier lugar. Gracias a la velocidad de la red, las transacciones eran instantáneas.

Una noche, tras un torneo global con miles de jugadores activos al mismo tiempo, Miguel observó cómo el sistema funcionaba sin problemas: compras, intercambios y recompensas en tiempo real. Sonrió. Solana no era solo una blockchain. Era infraestructura para el futuro.

Para Miguel, Solana no era una moneda especulativa. Era una plataforma donde podía construir, innovar y transformar la experiencia digital. Un espacio donde la velocidad, la accesibilidad y la creatividad se combinaban para crear algo completamente nuevo.

Capítulo 4: Chainlink – El Oráculo Que Conecta las Blockchains con el Mundo Real

Mientras blockchains como Bitcoin y Ethereum han revolucionado la confianza digital, tienen una limitación importante: no pueden acceder por sí solas a datos del mundo real. Son sistemas cerrados, capaces de verificar lo que ocurre dentro de la cadena, pero incapaces de conocer eventos externos como precios de mercado, clima o resultados deportivos. Esta limitación restringe enormemente el potencial de los contratos inteligentes—salvo que puedan conectarse de forma segura a datos externos.

Aquí es donde entra Chainlink. Chainlink es una red descentralizada de oráculos que actúa como puente entre el mundo blockchain y el mundo real. Permite que los contratos inteligentes accedan de forma segura a datos externos, APIs, eventos e incluso otras blockchains. Sin un oráculo confiable como Chainlink, los contratos inteligentes estarían aislados, incapaces de interactuar con información dinámica en tiempo real.

Lanzado en 2017 por Sergey Nazarov y Steve Ellis, Chainlink se convirtió rápidamente en la principal solución de oráculos en el ecosistema cripto. Su token nativo, LINK, se utiliza para pagar a los operadores de nodos por recuperar datos, realizar cálculos y mantener la red activa. Hoy en día, Chainlink está profundamente integrado en protocolos DeFi, productos de seguros, proyectos NFT e incluso sistemas financieros tradicionales que exploran la tokenización.

La importancia de los oráculos es enorme. En las finanzas descentralizadas, por ejemplo, los protocolos de préstamo necesitan datos de precios en tiempo real para determinar cuándo liquidar préstamos con garantías insuficientes. Si esos datos son incorrectos, podrían producirse liquidaciones injustas o incluso el colapso del sistema. Chainlink resuelve esto mediante sus Price Feeds, que agregan información de múltiples fuentes para evitar manipulaciones o fallos únicos.

Chainlink no depende de una sola fuente de datos, sino de múltiples nodos independientes que verifican la información. Esto lo diferencia de los oráculos centralizados, que pueden ser manipulados o fallar. Con Chainlink, los contratos inteligentes acceden a datos con alta integridad, redundancia y disponibilidad constante.

Pero Chainlink va mucho más allá de los precios. Ofrece funciones como Verifiable Randomness (VRF), utilizada en juegos y NFTs para generar resultados verificables; Proof of

Reserve, que confirma que activos del mundo real están respaldados; y el protocolo CCIP, que permite la comunicación entre diferentes blockchains.

En 2023, Chainlink lanzó Chainlink Functions, permitiendo a los desarrolladores conectar cualquier API web a contratos inteligentes, creando contratos híbridos que combinan datos on-chain y off-chain. Esto abre la puerta a casos como verificar tu puntaje crediticio antes de aprobar un préstamo en blockchain.

La adopción de Chainlink en el mundo real sigue creciendo. Ha sido utilizado por empresas como Google Cloud, SWIFT y AccuWeather, demostrando su potencial a nivel empresarial. Gobiernos e instituciones financieras también están explorando su uso como infraestructura clave para sistemas basados en blockchain.

Para los inversionistas, el token LINK es fundamental. Se utiliza como incentivo económico para asegurar datos precisos, y los operadores pueden hacer staking como garantía de buen comportamiento. Con el lanzamiento de Chainlink Staking, la red ha avanzado hacia una mayor seguridad económica basada en la comunidad.

Chainlink no es un proyecto llamativo ni basado en la moda. Es infraestructura esencial. Sin oráculos, los contratos inteligentes serían como teléfonos sin internet. Con Chainlink, se vuelven ilimitados.

Para desarrolladores, inversionistas e instituciones, Chainlink representa un paso clave hacia la adopción real de blockchain. Es el puente que permite que los sistemas descentralizados interactúen con el mundo real de forma segura y escalable.

El momento de claridad de Leah

Leah era una científica de datos en una empresa de seguros en Londres. Había trabajado durante años en modelos de riesgo y automatización, pero veía una desconexión entre los sistemas tradicionales y el potencial de los contratos inteligentes. Sabía que podían automatizar procesos, pero se preguntaba: ¿cómo pueden saber lo que ocurre en el mundo real?

La respuesta llegó en una conferencia en Ámsterdam, donde descubrió Chainlink. Entendió que era la pieza faltante: un sistema que conecta datos reales con blockchain de forma segura.

De regreso a Londres, desarrolló un proyecto de microseguros para agricultores, donde los pagos se ejecutaban automáticamente si se cumplían condiciones climáticas específicas. Gracias a Chainlink, pudo conectar APIs meteorológicas con contratos inteligentes sin depender de una entidad centralizada.

El resultado fue revolucionario: pagos instantáneos, sin burocracia ni fraude. Su proyecto fue aprobado y lanzado en mercados reales, ayudando a comunidades vulnerables.

Leah continuó aprendiendo, participando en la red y comprendiendo cómo el token LINK aseguraba la calidad de los datos. Con el tiempo, se convirtió en una referente en el uso de oráculos descentralizados.

Años después, en la misma conferencia donde comenzó todo, explicó cómo Chainlink estaba transformando industrias completas. Cuando alguien le preguntó qué pasaría si Chainlink desapareciera, respondió con confianza: no es una empresa, es una red descentralizada.

Esa noche, mientras observaba los datos en tiempo real de su proyecto, comprendió algo profundo: Chainlink no solo conecta datos con contratos. Conecta confianza con sistemas que antes fallaban.

Es el puente invisible entre la realidad y el código—y una pieza fundamental del futuro digital.

Capítulo 5: Cardano — Blockchain Académica para un Futuro Sostenible y Escalable

Cardano es una de las plataformas blockchain más rigurosamente investigadas y fundamentadas académicamente que existen. Fundada en 2017 por Charles Hoskinson, cofundador de Ethereum, Cardano fue diseñada desde cero para resolver el trilema de blockchain: escalabilidad, descentralización y seguridad, todo mientras mantiene la sostenibilidad ambiental y la verificación mediante métodos académicos formales.

A diferencia de la mayoría de los proyectos blockchain, Cardano se construye utilizando investigación revisada por pares y métodos formales, lo que significa que cada componente de su diseño está basado en estudios académicos y código matemáticamente verificable. Este rigor académico es lo que hace que Cardano sea especialmente atractivo para instituciones, desarrolladores y gobiernos que buscan una infraestructura estable a largo plazo.

La plataforma opera en múltiples capas. La Cardano Settlement Layer (CSL) se encarga de las transferencias de valor, mientras que la Cardano Computation Layer (CCL) gestiona los contratos inteligentes y las aplicaciones descentralizadas. Esta separación permite mayor flexibilidad, actualizaciones más sencillas y un desarrollo modular, manteniendo la red eficiente y segura.

Cardano utiliza un mecanismo de consenso de Prueba de Participación (Proof-of-Stake) llamado Ouroboros, uno de los primeros protocolos PoS con seguridad comprobada mediante revisión académica. A diferencia de sistemas como Bitcoin, Ouroboros es altamente eficiente energéticamente. Los usuarios pueden delegar sus tokens ADA a pools de staking, obteniendo recompensas mientras ayudan a asegurar la red, promoviendo así la descentralización.

El token nativo ADA se utiliza para staking, pago de comisiones y participación en la gobernanza. Su nombre proviene de Ada Lovelace, considerada la primera programadora de la historia, reflejando el enfoque educativo y tecnológico del proyecto.

La funcionalidad de contratos inteligentes se introdujo con la actualización Alonzo en 2021, permitiendo el desarrollo de dApps, plataformas DeFi, NFTs y DAOs. Aunque la adopción ha sido más lenta que en otras redes como Solana, esto se debe a su enfoque más cuidadoso y técnico en el desarrollo.

Uno de los principios clave de Cardano es su enfoque en casos de uso del mundo real, especialmente en países en desarrollo. A través de asociaciones con gobiernos y organizaciones, ha implementado soluciones en educación, salud e identidad digital. Un ejemplo destacado es su colaboración con el Ministerio de Educación de Etiopía para crear sistemas de verificación académica en blockchain.

Cardano también se distingue por su sostenibilidad. Tiene una de las huellas energéticas más bajas entre las blockchains principales. Su visión incluye el sistema de gobernanza Voltaire, que permitirá a los titulares de ADA votar sobre propuestas y financiamiento, creando un ecosistema autosuficiente y descentralizado.

La solución de escalado Hydra es otra innovación clave. Este protocolo de segunda capa permite transacciones rápidas y económicas fuera de la cadena principal, mejorando significativamente la capacidad de la red sin comprometer la seguridad.

Aunque Cardano ha sido criticado por avanzar más lentamente que otros proyectos, esto se debe a su enfoque científico. Cada actualización pasa por pruebas rigurosas, lo que fortalece su confiabilidad a largo plazo.

En resumen, Cardano representa un enfoque reflexivo y basado en investigación dentro del mundo blockchain. No se trata de hype o ganancias rápidas, sino de construir un sistema sostenible, escalable e inclusivo para millones de usuarios en todo el mundo. Para quienes valoran la visión a largo plazo y la integridad académica, Cardano es uno de los proyectos más importantes del ecosistema cripto.

La historia de Amira

Amira era profesora de secundaria en Nairobi, apasionada por la educación y la tecnología. Cada día enseñaba con recursos limitados, pero soñaba con un sistema donde cada estudiante tuviera una identidad digital segura e inmutable.

En un evento tecnológico, descubrió Cardano y su uso en sistemas educativos. Se dio cuenta de que no era solo una criptomoneda, sino una solución real para problemas como la pérdida de registros académicos y la falsificación de títulos.

Motivada, aprendió sobre el protocolo Ouroboros y comenzó a desarrollar aplicaciones en la red. Creó una herramienta que permitía a estudiantes registrar y verificar certificados académicos de forma segura y permanente.

Su proyecto creció rápidamente, adoptado por escuelas y universidades. Con el apoyo de la comunidad de Cardano, integró funciones como identidad digital y becas descentralizadas.

Cuando Hydra se implementó, su aplicación escaló sin problemas, permitiendo que miles de estudiantes accedieran a sus registros desde dispositivos móviles.

Una noche, observando su plataforma con miles de estudiantes registrados, Amira comprendió el verdadero impacto de la tecnología: empoderar a las personas con identidad, acceso y oportunidades.

Para ella, Cardano no era rápido ni llamativo. **Era confiable, sostenible y diseñado para durar.**

Capítulo 6: Polkadot – Interoperabilidad y el Futuro Multicadena

En el mundo de blockchain, uno de los mayores desafíos es la interoperabilidad. La mayoría de las blockchains operan de forma aislada. Bitcoin no se comunica con Ethereum, y Ethereum no se conecta fácilmente con Solana. Esta fragmentación limita la capacidad de las aplicaciones descentralizadas para compartir datos y activos entre redes. Ese es precisamente el problema que Polkadot busca resolver, posicionándose como uno de los proyectos más innovadores del ecosistema.

Polkadot fue creado por el Dr. Gavin Wood, cofundador de Ethereum y creador del lenguaje Solidity. Lanzado en 2020, es un protocolo de Capa 0 diseñado para conectar múltiples blockchains. Su objetivo es construir un internet descentralizado donde diferentes cadenas, llamadas parachains, puedan comunicarse e intercambiar datos de forma segura y eficiente.

En el centro de Polkadot se encuentra la Relay Chain, responsable de la seguridad y coordinación. A su alrededor operan las parachains, blockchains independientes que se conectan a esta red central. Cada parachain puede tener su propio token, reglas y funcionalidades, pero todas comparten la seguridad e interoperabilidad que ofrece Polkadot.

Uno de los aspectos más innovadores de Polkadot es su modelo de seguridad compartida. Las parachains no necesitan construir su propia red de validadores, ya que utilizan la seguridad de la Relay Chain. Esto permite un entorno altamente escalable donde los desarrolladores pueden lanzar blockchains optimizadas sin comenzar desde cero.

Para conectarse a la red como parachain, los proyectos deben ganar una subasta de slots, lo que implica bloquear tokens DOT durante un período determinado. Este sistema fomenta el compromiso a largo plazo y la participación de la comunidad, ya que los usuarios pueden apoyar proyectos con sus tokens a cambio de recompensas.

DOT, el token nativo, cumple múltiples funciones: staking, gobernanza y conexión de nuevas parachains. Polkadot utiliza un modelo llamado Nominated Proof of Stake (NPoS), donde los usuarios delegan su confianza en validadores, promoviendo descentralización y seguridad.

Polkadot también destaca por su sistema de gobernanza en cadena. Los usuarios pueden votar directamente sobre actualizaciones y cambios en el protocolo, eliminando la necesidad de bifurcaciones complejas y permitiendo una evolución más fluida y descentralizada.

En cuanto a desarrollo, Polkadot utiliza Substrate, un framework modular que permite crear blockchains personalizadas de forma sencilla. Esto reduce significativamente la barrera de entrada para desarrolladores que desean construir soluciones interoperables desde el inicio.

El ecosistema de Polkadot está creciendo rápidamente, con proyectos como Acala, Moonbeam, Astar y Phala liderando áreas como DeFi, compatibilidad con Ethereum, aplicaciones descentralizadas y privacidad. Todos estos proyectos aprovechan la capacidad de comunicación entre cadenas en tiempo real.

Polkadot también cuenta con Kusama, su red "canaria", que sirve como entorno de prueba para nuevas funcionalidades antes de implementarlas en la red principal. Esto permite innovar rápidamente sin comprometer la estabilidad del sistema principal.

En resumen, Polkadot no es solo una blockchain, sino un ecosistema de blockchains interconectadas. Su visión es clara: un futuro donde múltiples redes trabajen juntas en lugar de competir entre sí.

La historia de Dominic

Dominic era un desarrollador apasionado por blockchain, pero frustrado por la falta de conexión entre redes. Cada nueva blockchain parecía una isla aislada. Soñaba con un sistema donde todas pudieran comunicarse.

Ese sueño comenzó a tomar forma cuando descubrió Polkadot. Aprendió sobre su arquitectura y entendió que no era solo otra red, sino una infraestructura para conectar todas las demás.

Se unió a la comunidad y empezó a desarrollar usando Substrate. En poco tiempo, creó su propia parachain y lanzó una plataforma llamada CrossWorld, que permitía intercambiar NFTs entre diferentes blockchains.

Para lanzar su proyecto, necesitó ganar una subasta de parachain. Con el apoyo de la comunidad, logró asegurar un slot y su plataforma se volvió activa. Artistas y desarrolladores comenzaron a usarla para comerciar activos entre redes sin fricción.

Uno de los momentos más importantes llegó cuando integró su plataforma con un juego desarrollado en Kusama. Gracias a la comunicación entre cadenas, los usuarios podían transferir activos entre juegos y mercados sin complicaciones.

Dominic se convirtió en un referente dentro del ecosistema, participando en gobernanza, educando a otros desarrolladores y contribuyendo al crecimiento de la red.

Una noche, observando cómo múltiples cadenas funcionaban juntas en perfecta sincronía, comprendió el verdadero valor de Polkadot: no competir, sino conectar.

Para él, no era solo tecnología. Era el futuro de un internet verdaderamente interoperable y descentralizado.

Capítulo 7: Avalanche – Blockchain de Alta Velocidad para DeFi y Preparada para Empresas

Avalanche es una plataforma blockchain de alto rendimiento diseñada para combinar escalabilidad, velocidad y descentralización sin sacrificar la seguridad. Lanzada en 2020 por Ava Labs, Avalanche se ha convertido rápidamente en una de las redes más respetadas y adoptadas en el ecosistema cripto, especialmente en finanzas descentralizadas (DeFi), aplicaciones empresariales y casos de uso institucionales.

Lo que distingue a Avalanche es su innovador mecanismo de consenso, que combina elementos de consenso clásico con el modelo de Nakamoto. Este sistema permite alcanzar la confirmación final de transacciones en menos de 2 segundos, convirtiéndola en una de las blockchains más rápidas del mercado. Las transacciones se validan casi instantáneamente, con tarifas muy bajas y la capacidad de procesar miles de operaciones por segundo.

La arquitectura de Avalanche se compone de tres blockchains interoperables:
La X-Chain (Exchange Chain), utilizada para la creación y transferencia de activos digitales;

La P-Chain (Platform Chain), encargada de la gestión de validadores y coordinación de blockchains personalizadas; La C-Chain (Contract Chain), compatible con la Máquina Virtual de Ethereum (EVM), lo que permite a los desarrolladores migrar fácilmente contratos inteligentes existentes.

Esta estructura de múltiples cadenas permite escalar sin congestión, mantener costos bajos y soportar una amplia variedad de aplicaciones, desde mercados NFT y videojuegos hasta instrumentos financieros complejos y soluciones empresariales personalizadas.

El token nativo AVAX se utiliza para pagar tarifas, participar en staking y en gobernanza. Los usuarios pueden delegar sus tokens a validadores y recibir recompensas, contribuyendo a la seguridad de la red. Además, su modelo económico incluye un mecanismo deflacionario mediante la quema de tarifas, lo que fortalece su valor a largo plazo.

Avalanche se ha consolidado como un líder en DeFi, albergando protocolos importantes como Aave, Curve, Trader Joe y Benqi. Gracias a su compatibilidad con Ethereum y su mayor rendimiento, ha atraído desarrolladores y liquidez que buscan alternativas más rápidas y económicas.

Una de sus características más destacadas son las subnets, redes blockchain personalizadas que operan dentro del ecosistema Avalanche. Estas subnets permiten a empresas e instituciones crear entornos privados o regulados con sus propias reglas, manteniendo al mismo tiempo la seguridad y eficiencia de la red principal.

Avalanche también está impulsando la tokenización de activos del mundo real, como bienes raíces, acciones y deuda. Su enfoque en cumplimiento regulatorio, alto rendimiento y personalización la posiciona como una plataforma ideal para la integración institucional en blockchain.

La gobernanza es otro componente clave. Los titulares de AVAX pueden participar en decisiones del protocolo, votando sobre actualizaciones y parámetros de la red, asegurando una evolución descentralizada y alineada con la comunidad.

A pesar de enfrentar desafíos durante ciclos bajistas del mercado y competencia de otras redes, Avalanche ha mantenido un desarrollo sólido, una base de usuarios activa y una reputación de confiabilidad.

En resumen, Avalanche es una plataforma potente, rápida y flexible que sirve tanto a usuarios individuales como a grandes instituciones. Su arquitectura única, su capacidad de personalización y su enfoque en aplicaciones reales la convierten en un actor clave en la próxima etapa de adopción blockchain.

La historia de Sophie

Sophie era consultora fintech en Frankfurt, cansada de la lentitud del sistema financiero tradicional. Transferencias que tardaban días, procesos burocráticos y altos costos la motivaron a explorar DeFi.

Comenzó en Ethereum, pero las tarifas y la congestión la frustraron. Buscaba algo más rápido y eficiente. Fue entonces cuando descubrió Avalanche.

Su primera experiencia fue reveladora: transacciones confirmadas en segundos y costos mínimos. Empezó a usar plataformas como Trader Joe, Aave y Benqi, optimizando estrategias DeFi con mayor eficiencia.

Pero Sophie quería ir más allá. Propuso a un banco alemán un proyecto de tokenización de bienes raíces utilizando subnets de Avalanche. Gracias a la personalización y cumplimiento regulatorio, el proyecto fue aprobado y lanzado.

En pocos meses, inversores podían adquirir participaciones en propiedades mediante tokens, con liquidaciones instantáneas y sin intermediarios.

Posteriormente, colaboró con iniciativas gubernamentales y empresas como Deloitte, demostrando el potencial empresarial de Avalanche.

En eventos y talleres, ayudó a más organizaciones a adoptar blockchain. Desde seguros hasta logística, todos veían el mismo valor: velocidad, eficiencia y control.

Un momento especial ocurrió cuando estudiantes desarrollaron un videojuego con NFTs en Avalanche usando una subnet diseñada con su ayuda. Era la prueba de que la tecnología no solo transformaba finanzas, sino también creatividad e innovación.

Esa noche, caminando por Lisboa, Sophie comprendió algo: Avalanche no era solo una blockchain. Era infraestructura para ejecutar ideas en el mundo real.

Y para ella, esto era solo el comienzo.

Capítulo 8: Polygon – Escalando Ethereum Sin Sacrificar la Seguridad

Ethereum se ha consolidado como la plataforma más utilizada para aplicaciones descentralizadas, pero enfrenta problemas de escalabilidad y altas tarifas de transacción. A medida que su adopción creció, la red se congestionó, obligando a los usuarios a pagar costos elevados por operaciones simples. Aquí es donde Polygon entra en juego, con la misión de escalar Ethereum sin comprometer la seguridad, la descentralización ni la compatibilidad para desarrolladores.

Polygon, anteriormente conocido como Matic Network, se lanzó en 2017 y se renombró en 2021 para reflejar su visión más amplia como solución de escalado para Ethereum. En lugar de reemplazarlo, Polygon lo complementa mediante soluciones de Capa 2, que operan junto a Ethereum para procesar transacciones de forma más eficiente y económica.

El concepto central de Polygon es la escalabilidad modular. Ofrece múltiples soluciones como sidechains, rollups (zk-Rollups y rollups optimistas) y cadenas empresariales, todas compatibles con Ethereum. Esto permite a los desarrolladores elegir la mejor solución según sus necesidades. Su implementación más conocida es la Polygon PoS Chain, una sidechain basada en Proof-of-Stake asegurada por validadores que utilizan el token MATIC.

La Polygon PoS Chain es completamente compatible con la Máquina Virtual de Ethereum (EVM), lo que permite desplegar contratos inteligentes existentes sin modificaciones. Esto ha impulsado su adopción en DeFi y NFTs, con plataformas como Aave, SushiSwap y OpenSea integrando Polygon para ofrecer transacciones más rápidas y económicas.

Una de sus innovaciones más importantes es Polygon zkEVM, una solución basada en pruebas de conocimiento cero que permite ejecutar contratos inteligentes de Ethereum con alta velocidad y seguridad. Los zk-Rollups agrupan múltiples transacciones en una sola prueba criptográfica, reduciendo costos y congestión sin comprometer la integridad de los datos.

Polygon también destaca por sus alianzas con grandes empresas. Ha colaborado con compañías como Meta para la integración de NFTs en Instagram, Nike para coleccionables digitales y Starbucks para programas de fidelidad. Estas aplicaciones muestran su capacidad para conectar el mundo tradicional con la tecnología blockchain.

El token MATIC cumple varias funciones: pago de tarifas, staking para asegurar la red y participación en gobernanza. Su suministro limitado y el mecanismo de quema de tokens contribuyen a su valor a largo plazo.

Polygon también cuenta con un fuerte enfoque en desarrolladores, ofreciendo herramientas, subvenciones y programas de aceleración para impulsar la innovación. Esto ha atraído miles de proyectos y millones de usuarios a su ecosistema.

La seguridad es una prioridad clave. Aunque las sidechains pueden tener más riesgos que las blockchains principales, Polygon implementa auditorías rigurosas y soluciones como Polygon Avail para mejorar la disponibilidad y validación de datos.

En resumen, Polygon es una de las soluciones más prácticas y eficientes del ecosistema cripto. No compite con Ethereum, lo potencia. Permite a usuarios y desarrolladores acceder a su ecosistema de forma rápida, económica y escalable, facilitando su adopción global.

Polygon y Nina

Nina era diseñadora UX en Mumbai, convencida de que las aplicaciones descentralizadas debían ser simples y accesibles para todos. Sin embargo, su primera experiencia en Ethereum fue frustrante: tarifas altas, lentitud y complejidad.

Buscando una mejor solución, descubrió Polygon. La experiencia fue completamente diferente: transacciones rápidas, costos mínimos y compatibilidad con herramientas existentes.

Inspirada, desarrolló una plataforma llamada BeatChain para que músicos independientes pudieran tokenizar sus canciones y compartir ingresos con sus fans. Gracias a Polygon, las interacciones eran rápidas y económicas, lo que permitió una adopción masiva sin fricción.

El proyecto creció rápidamente, atrayendo artistas de toda India. Con la integración de NFTs en Instagram a través de Polygon, Nina logró expandir su plataforma a un público global.

Con el tiempo, lanzó su propia Supernet, creando un ecosistema personalizado dentro de Polygon. Esto le permitió controlar tarifas, gobernanza y rendimiento, adaptándolo completamente a su visión.

En conferencias internacionales, Nina conectó con grandes marcas y desarrolladores que compartían la misma misión: hacer que blockchain sea invisible para el usuario, eliminando fricciones.

En pocos años, su plataforma alcanzó cientos de miles de usuarios, muchos de los cuales nunca habían utilizado criptomonedas antes. Para ellos, Polygon no era una tecnología compleja, sino simplemente una experiencia fluida.

Una noche, revisando las estadísticas de su aplicación, Nina vio miles de NFTs creados y usuarios activos sin quejas sobre costos o velocidad. Comprendió que Polygon había logrado algo clave: hacer que blockchain funcione para todos.

No prometía exageraciones. Ofrecía eficiencia, velocidad y accesibilidad. Y en sus manos, eso fue **suficiente para transformar toda una industria.**

Capítulo 9: Ripple (XRP) — El Puente Entre las Finanzas Tradicionales y las Criptomonedas

Mientras muchas criptomonedas buscan reemplazar el sistema financiero tradicional, Ripple (XRP) adopta un enfoque diferente: integrarse con él. Su objetivo principal es crear una red global de liquidación en tiempo real que permita pagos transfronterizos instantáneos, de bajo costo y eficientes para bancos, instituciones financieras y proveedores de remesas.

Fundada en 2012, Ripple Labs desarrolló RippleNet, una plataforma que permite a las instituciones liquidar transacciones internacionales con transparencia total y comisiones mínimas. A diferencia de Bitcoin y Ethereum, que dependen de minería, el XRP Ledger utiliza un protocolo de consenso único que permite procesar alrededor de 1,500 transacciones por segundo con tiempos de liquidación inferiores a cinco segundos.

RippleNet incluye varias soluciones como xCurrent, xVia y On-Demand Liquidity (ODL). Es en ODL donde XRP desempeña un papel clave. Tradicionalmente, las transferencias internacionales requieren múltiples intermediarios, lo que genera retrasos y costos elevados. Con

ODL, XRP se utiliza como moneda puente: por ejemplo, dólares se convierten en XRP, se envían a otro país y se convierten en la moneda local en segundos, eliminando la necesidad de cuentas prefinanciadas en el extranjero.

La velocidad, liquidez y bajo costo de XRP lo convierten en un activo ideal para este propósito. A diferencia de las stablecoins, XRP no está respaldado por dinero fiduciario, sino que se negocia libremente en mercados globales. Su suministro está limitado a 100 mil millones de tokens, muchos de los cuales se liberan gradualmente desde un sistema de escrow, lo que aporta transparencia pero también ha generado críticas sobre la influencia de Ripple Labs.

A pesar de la controversia, Ripple ha logrado una adopción significativa. Más de 300 instituciones financieras en más de 40 países han adoptado RippleNet, incluyendo entidades como Santander, SBI Holdings y American Express. Su enfoque en cumplimiento regulatorio lo hace atractivo para instituciones que buscan soluciones blockchain confiables.

El camino de Ripple no ha estado exento de desafíos. En 2020, la Comisión de Bolsa y Valores de EE. UU. (SEC) presentó una demanda alegando que XRP era un valor no registrado. Este evento generó incertidumbre y llevó a la eliminación del token en varias plataformas. Sin embargo, en 2023, Ripple obtuvo una victoria parcial cuando se determinó que las ventas de XRP en mercados secundarios no constituían valores, lo que revitalizó el interés en el proyecto.

Más allá de los pagos, XRP también permite la tokenización de activos del mundo real, el funcionamiento de exchanges descentralizados y la implementación de contratos inteligentes básicos. Su eficiencia energética y alto rendimiento lo posicionan como candidato para monedas digitales de bancos centrales (CBDCs), un área en la que Ripple está activamente involucrado.

Ripple también ha expandido sus servicios empresariales, incluyendo soluciones para financiamiento comercial, identidad digital y cumplimiento regulatorio. Su plataforma CBDC permite a gobiernos emitir monedas digitales con control y compatibilidad dentro del ecosistema XRP.

En conclusión, Ripple y XRP representan una filosofía distinta dentro del mundo cripto: colaborar con el sistema financiero en lugar de reemplazarlo. Con adopción real, resiliencia regulatoria y una infraestructura sólida para pagos globales, XRP ocupa un lugar único en la evolución de las finanzas digitales.

La historia de Emilio

Emilio trabajaba en un centro de remesas en Manila, donde diariamente veía largas filas de personas esperando recibir dinero del extranjero. El proceso era lento y costoso, y muchos clientes sufrían retrasos innecesarios.

Un día, un cliente mencionó Ripple (XRP). Intrigado, Emilio investigó y descubrió un sistema diseñado para acelerar transferencias internacionales mediante el uso de XRP como moneda puente.

Motivado, propuso implementar un programa piloto en su lugar de trabajo utilizando RippleNet. A pesar de las dudas iniciales, lograron ponerlo en marcha. Los resultados fueron inmediatos: transferencias que antes tardaban días ahora se completaban en segundos, con costos significativamente menores.

El sistema se expandió rápidamente, atrayendo a más clientes que buscaban eficiencia y ahorro. Emilio se convirtió en un referente local, educando a otros sobre los beneficios de XRP.

Cuando surgió la demanda de la SEC, enfrentó incertidumbre, pero siguió el caso de cerca. Tras la victoria parcial de Ripple, la confianza regresó y el proyecto continuó creciendo.

Con el tiempo, Emilio lanzó contenido educativo y fue invitado a conferencias internacionales, donde compartió cómo XRP había transformado la vida de su comunidad.

En cada transacción más rápida, en cada comisión reducida, Emilio veía el impacto real de la tecnología.

Para él, XRP no era solo una criptomoneda. Era una solución concreta para conectar el sistema financiero global con las necesidades reales de las personas.

Capítulo 10: Litecoin — Plata Digital para Pagos Cotidianos

A menudo denominado la "plata digital" frente al "oro digital" de Bitcoin, Litecoin es una de las criptomonedas más antiguas y consistentes del ecosistema. Lanzada en 2011 por Charlie Lee, Litecoin fue diseñada para mejorar las limitaciones de Bitcoin, especialmente en velocidad de transacción y escalabilidad.

Litecoin comparte muchas similitudes con Bitcoin, pero ofrece tiempos de transacción más rápidos y tarifas más bajas, lo que la hace más adecuada para pagos diarios. Mientras que los bloques de Bitcoin se generan cada 10 minutos, Litecoin reduce ese tiempo a 2.5 minutos, permitiendo confirmaciones más rápidas en entornos comerciales y en línea. Además, sus costos de transacción suelen ser de solo unos centavos, independientemente del monto transferido.

Técnicamente, Litecoin utiliza un sistema de Prueba de Trabajo (Proof-of-Work), pero con un algoritmo diferente llamado Scrypt. Este algoritmo fue diseñado para hacer la minería más accesible y descentralizada, reduciendo inicialmente la ventaja del hardware especializado.

El suministro total de Litecoin es de 84 millones de monedas, cuatro veces más que Bitcoin. También cuenta con eventos de halving cada cuatro años, reduciendo la emisión de nuevas monedas y creando escasez progresiva que puede influir en su valor a largo plazo.

Litecoin ha sido históricamente un campo de pruebas para innovaciones que luego se implementan en Bitcoin. Fue una de las primeras criptomonedas en adoptar SegWit y en implementar la Lightning Network, permitiendo transacciones instantáneas y de bajo costo fuera de la cadena principal.

Una de sus actualizaciones más importantes es MimbleWimble (MWEB), introducida en 2022. Esta función mejora la privacidad al ocultar los montos de las transacciones, manteniendo la seguridad y verificabilidad, sin convertir a Litecoin en una moneda completamente anónima.

Litecoin se ha ganado una reputación de confiabilidad. Con más de una década de funcionamiento, nunca ha sufrido interrupciones importantes ni ataques significativos. Está disponible en prácticamente todos los exchanges y es aceptada por miles de comerciantes en todo el mundo.

Aunque no tiene el protagonismo de plataformas DeFi o NFT, su simplicidad es su mayor fortaleza. Es fácil de usar, rápida y eficiente, lo que la convierte en una opción ideal como medio de intercambio dentro del ecosistema cripto.

Litecoin se utiliza comúnmente en remesas, pagos en comercios y transferencias internacionales, especialmente en regiones donde los sistemas bancarios tradicionales son costosos o ineficientes.

En conclusión, Litecoin representa la capa de dinero digital dentro del ecosistema cripto: segura, eficiente y probada con el tiempo. Para quienes buscan una criptomoneda práctica para pagos cotidianos, Litecoin sigue siendo una de las opciones más confiables.

La historia de Jake

Jake era barista en un pequeño pueblo de Colorado y tenía un problema: enviar dinero a su primo en Guatemala era lento y caro. Las transferencias tardaban días y las comisiones eran altas.

Un día, un cliente le sugirió usar Litecoin. Jake decidió probarlo. Descargó una billetera, compró un poco de LTC y lo envió. El dinero llegó en menos de un minuto, con una comisión mínima.

Impresionado, comenzó a usar Litecoin para pagos diarios, remesas y propinas digitales. Incluso convenció a su jefe de aceptar LTC en la cafetería, lo que atrajo a nuevos clientes.

Con el tiempo, Jake aprendió más sobre la tecnología, apreciando su estabilidad, privacidad y eficiencia. También comenzó a usar Lightning Network para micropagos instantáneos.

Escribió sobre su experiencia y fue invitado a hablar en eventos de la comunidad. Allí explicó cómo Litecoin no era solo una inversión, sino una herramienta práctica para mejorar la vida diaria.

Para Jake, Litecoin no era tendencia ni hype. Era simplemente una solución que funcionaba—rápida, económica y global.

Epílogo: El Futuro de las Criptomonedas es Diverso, No Singular

Al llegar al final de este libro, una verdad debe quedar clara: no existe una sola moneda que defina el mundo cripto. Aunque Bitcoin puede ser el origen y Ethereum la plataforma dominante, la realidad es mucho más compleja—y mucho más emocionante.

Ahora has explorado una variedad de criptomonedas, cada una con su propia visión, utilidad y comunidad. Bitcoin se mantiene como el oro digital. Ethereum impulsa la revolución de los contratos inteligentes. Solana lleva la velocidad al siguiente nivel. Chainlink conecta las blockchains con el mundo real. Cardano construye con rigor académico. Polkadot une ecosistemas fragmentados. Avalanche ofrece velocidad y personalización empresarial. Polygon escala el alcance de Ethereum. Ripple (XRP) conecta las finanzas tradicionales con lo digital. Y Litecoin sigue siendo un campeón silencioso de la simplicidad y la usabilidad.

La lección aquí no es solo que estos proyectos existen, sino que coexisten. Estamos presenciando un cambio de una mentalidad de una sola cadena a una realidad multicadena. Así como internet evolucionó de unos pocos sitios web a miles de millones de servicios interconectados, el ecosistema blockchain también se expandirá, con cada protocolo cumpliendo un propósito único dentro de una economía digital global.

Lo que debes llevarte no es solo conocimiento técnico, sino conciencia estratégica. Si eres inversionista, esto significa construir un portafolio que refleje las fortalezas de cada ecosistema. Si eres desarrollador, significa elegir la red adecuada según los objetivos de tu producto. Y si eres un aprendiz curioso, significa entender que la innovación no siempre proviene del proyecto más popular, sino del que resuelve problemas que nadie más se atrevió a enfrentar.

También es importante comprender el papel de la regulación en los próximos años. Los gobiernos ya no ignoran las criptomonedas—están interactuando con ellas, a veces con cautela y otras con firmeza. Proyectos como Ripple (XRP) han enfrentado desafíos regulatorios y han emergido con mayor claridad y resiliencia. Otros, como Cardano, han sido diseñados desde el inicio con la regulación en mente. A medida que blockchain se vuelve masivo, los marcos regulatorios influirán en quiénes ganan y quiénes pierden.

Mientras tanto, los mercados emergentes están adoptando las criptomonedas no como una novedad, sino como una necesidad. Desde remesas en el sudeste asiático hasta NFTs en

África y finanzas tokenizadas en América Latina, el impacto en el mundo real es cada vez más evidente. Esto no es solo un movimiento digital—es una revolución económica global.

La tecnología evoluciona rápidamente. Pruebas de conocimiento cero, abstracción de cuentas, comunicación entre cadenas, identidad descentralizada y finanzas integradas con inteligencia artificial ya están transformando el futuro. Mantenerse informado y adaptable será clave.

Entonces, ¿qué sigue?

Eso depende de ti.

Ya sea que estés aquí para invertir, construir, enseñar o explorar, ahora tienes una comprensión más profunda de las principales criptomonedas que están dando forma a nuestro futuro digital. Usa este conocimiento. Compártelo. Aplícalo. Cuestiónalo.

Porque las criptomonedas no se tratan solo de especulación. Se tratan de soberanía, eficiencia, inclusión y libertad. Y cuanto más entiendas las tecnologías que impulsan este movimiento, mejor preparado estarás para aprovechar las oportunidades que aún están por venir.

Gracias por leer—y bienvenido al futuro de las finanzas.

África y finanzas tokenizadas en América Latina, el impacto en el mundo real es cada vez más evidente. Esto no es solo un movimiento digital—es una revolución económica global.

[illegible]

[illegible]

[illegible]

[illegible]

[illegible]

[illegible]

www.ingramcontent.com/pod-product-compliance
Lightning Source LLC
LaVergne TN
LVHW040522210926
848480LV00007BA/1554
9798295884931